AF468931

TRAITE' DE LA PEINTVRE.

PAR LE Sr CATHERINOT.

On sçait assez que la Peinture est divertissante, mais elle est en outre & vtile & necessaire pour conserver les visages des hommes illustres, la structure des bastimens insignes, les plans des Villes, des places, & des maisons remarquables. Comme aussi pour connoistre les plantes & les animaux, pour representer les anatomies, pour comprendre les machines militaires, nautiques, & autres. Enfin les Iuges font faire des plans Genealogiques, & ordonnent des descriptions de lieux pour decider les procez. Ces descriptions se font en peinture, ou en bosse, en plat ou en relief, quand les visitations & descentes ne suffisent pas. On supplicie méme par effigie, & apposition de tableau, & cela s'apelle tabloter vn homme. Voyez l'Ordonnance Criminelle art. 6. des defauts. Bartole à inseré quelques figures dans ses livres, & les Enlumineurs sont du corps de l'Vniversité. Messieurs Contius, & Mercier, Antecesseurs de Bourges, sçavoient peindre. Les saints Canons suppriment les figures ridicules qui restent dans les Eglises. Car la peinture doit aussi servir à la pureté, & les tableaux sont les livres populaires. Il n'est point d'homme qui par consequent ne doive sçavoir tout au moins crayonner & grisoner. La peinture est le langage de toutes les nations de la terre, & l'Ecriture se nomme proprement peinture. Moy méme en 1675. & 1676. estant à Paris estois fort soigneux d'aller à l'Academie des Peintres, sous les auspices du R. P. Lubin, Ermite de S. Augustin de la Cômunauté de Bourges, qui a esté Provincial, & qui maintenant est assistant de son General à Rome. Il est vray neanmoins que comme disoit le Tintoret, la peinture est vne mer, & que plus on y avance & plus on y trouve de difficultez. Mais en fin elle se doit consoler puis qu'elle a esté & est encore aimée des Papes, & des Cardinaux, des Empereurs, & des Roys, des Princes, & des grands Seigneurs. Quelques Peintres ont esté employez en negotiations, & Ambassades, comme Pierre Paul Rubens. Les Roys mémes ont voulu peindre, comme Louys 13. Quant à Louys 14 son fils, nostre Monarque, il cherit la peinture, comble les Peintres de biens & d'honneurs, à ses cabinets de peintures, d'estampes & de medailles, & fait graver les animaux & les plantes. Le Soleil est sa devise, & c'est le premier Peintre, car il peint l'Iris. Dominico Zampieri, autrement le Dominiquin, mort à Naples fut honoré d'un discours funebre à Rome en 1641. Comme le Titien peignoit Charles Quint pour la troisiéme fois, il luy échapa vn pinceau de la main, & l'Empereur l'ayant ramassé, le Titien se prosterna pour le recevoir, en disant, Sire, ie ne merite pas cét honneur, à quoy l'Empereur repartit, le Titien est digne d'estre servi par Cesar. Il disoit qu'il auroit toûjours des Courtisans à ses costez, mais

A

qu'il n'auroit pas tousjours vn Titien à la main. Leonard de Vince mourut à Fontainebleau, entre les bras de François premier. Henry troisiéme passant par Venise, à son retour de Pologne, alla comme Alexandre Apelle, Demetrius Protogene, visiter le Titien dans sa maison. Leon X. proiettoit de faire Raphaël d'Vrbin Cardinal. La plume, le pinceau, & le burin, sont les trois symboles l'immortalité. Quand on sçait les prouësses d'un homme, & que méme l'on a sa figure, c'est comme s'il vivoit la reputation est une vie postume. Aristote, Apelle, & Lysippe, sont aussi celebres qu'Alexandre, Quant à Michel-Ange, & Raphaël d'Vrbin, ils sont aussi celebres que les Papes, sous lesquels ils ont vécu. Le Peintre est le meslangeur des couleurs, le distributeur des iours & des ombres, & l'imitateur de la nature, ie voudrois luy donner pour blason vn miroir, ou un singe. Graphis est la Deesse de la Peinture, comme Typosine, de l'impression.

Les Bergers ont esté non seulement les premiers Roys, les premiers Astronomes, mais aussi les premiers Peintres. Car dans leur loisir ils desseignoient auec leur houlette les ombres de leurs brebis. D'autres attribuent l'invention de cét art aux Egyptiens, & la perfection aux Grecs. Alexandre à le premier honoré la Peinture. Dans la suite on a employé les planches de bois pour les peindre, mais d'une seule couleur, blanche, noire, ou autre. Enfin pour faire vne seule figure, on a employé plusieurs couleurs, & particulierem ēt celles-ci. le blanc, le noir, le rouge, le vert, & le bleu. On peignit premierement les animaux, & de la les Grecs ont appellé les Peintres Zographes, mais ces premieres peintures estoit si grossieres qu'il falloit mettre le nom de chaque chose sus, ou sous chaque figure. C'est vn boeuf, c'est vn cheval, c'est vn asne, &c. Ils n'estoient pas peintres, mais coloristes, mais barboüilleurs, mais charbonistes. M. de Marolles Abbé de Villeloin à écrit 24. livres des Peintres, Sculpteurs, Graveurs & Architectes. Il en fait plusieurs classes, la premiere est depuis le cō. mencement du monde iusqu'à l'Empire des Grecs: la seconde depuis Alexandre iusqu'à Auguste: la troisiéme depuis Auguste iusqu'à l'inondation des Gots dans l'Italie: la quatriéme depuis ces Gots iusqu'au treiziéme siecle: la cinquiéme depuis le quatorziéme siecle iusqu'à 1450. la sixiéme depuis 1450. iusqu'é 1500. &c. Ce bel art dechût sous Auguste, revint sous Domitien, Nerva & Trajan, & en fin se perdit sous Phocas, à cause des guerres, qui semerent la peste, la famine, l'ignorāce. Les premiers Chrestiens, qui abhorroient les tableaux, & les statues, ont encore beaucoup contribué à la perte de ces deux arts. Quatre villes, excellerent en peinture, Athenes Sicyon, Rhode & Corinthe. Plusieurs y excellent maintenant, comme Rome, Florence, Boulogne, Parme, Venise, Naples, Paris, Londres, Amsterdam, Anvers, Bruxelles, &c. La graveure en pierre semble plus ancienne que la peinture en couleur. En fin la premiere a esté restaurée vers le méme temps que l'Impression a esté inventée. La peinture regne par tout, dans les coquilles, les rochers, les parois sales, les nuages, & méme dans le cœur de certains arbres, & dans leurs loupes. Mais le grand Maistre des Peintres c'est Morphée, & il en tire son nom. Car *forma* vient de *morphe*, en transposant les lettres. Songer c'est peindre à veuë close, & à tastons.

Les inventions & decouvertes pour la peinture, & pour ce qui la concerne, sont singulieres Quant aux anciens, voyez Pline en son histoire livre 35. Quant aux modernes, Cimabué vers 1260. restablit la peinture, fit le premier sortir des rouleaux de la bouche de ses personnages, pour les faire parler. André Taffi Florentin, apprit la Mosaïque à Venise, vers 1260. d'un certain Apollonius Peintre Grec. Giotto fut le premier qui restablit l'vsage de portraire au naturel, vers 1300 André Verocchio fut le premier qui moula les visages des morts, pour en garder la ressemblance, vers 1400. On moule à present les viuans. Iean de Bruge trouva le secret de peindre en huile, vers 1400. Peu de temps apres on restablit la Graveure des Agathes, Cristaux, & autres pierres non en bosse, mais en creux, ce qui est fort difficile. Frere Philippe Lippi Florentin, & qui auoit esté Religieux Carme, commença le premier à peindre des figures plus grandes que le naturel, vers 1400. On disoit de luy *Phimalus & Lippus*, *totus malus ergo Philippus*. Paul Vecello, ou Loyseau, estudia & observa le premier la Perspective, vers 1400. Masaccio vers 1420. fit le premier paroistre ses figures dans de belles attitudes Mason Fineguerre Florentin, fut le premier qui grava en cuivre, peu apres 1460. Il fut suivi par Baccio Baldin, André Mantegne, Martin d'Anvers, Albert Durer, Marc Antoine Franci, Luc de Leyde, Marc de Ravenne, Augustin de Venise, Hugues de Carpi & François de Parme, qui le premier grava auec de l'eau forte. Autres attribuent ce secret à Luc de Leyde, qui le tenoit d'un Armurier. Iacques Callot se seruit le premier du vernis dur pour graver à l'eau forte. Le méme Luc perfectionna aussi l'art de peindre sur le verre, & mourut en 1533. Iean de Vdine restablit le secret du stuc, & y employa la chaux faite de travertin, & la poudre faite de marbre broyé. Il restablit aussi les figures burlesques d'hômes & d'animaux chimeriques, & les nomma grotesques, parce qu'il en trouva quelques desseins dans des grotes à Rome. Le Primatice dit Boulogne Abbé de S Martin de Troyes, fit aussi les premiers ouvrages de stuc, & de peinture à fraisque. Le premier qui peignit à Rome sur du verre, estoit de Marseille, vers 1530. Le Primatice & Messer Nicole, ont les deux premiers apporté en France le goust Romain & antique, pour la peinture & scupture, apres auoir banni la maniere Gotique.

Epoques des modes, inventions & decouvertes qu'il faut rechercher pour ne point pecher contre les temps. Armoiries, Artilleries, Anneaux, Bastions, Bonnets carrez, Botes, Chapeaux, cloches & clochers, croix doubles & triples, chappes & chasubles, chapelets, chifres d'Arabie, couronnes clericales, Dalmatiques. Estriers, fers de Chevaux, Fauconnerie, G.

Horloges. I.

Lunettes & longues veuës. Moulins à eau, & à vent, Mitres, Messes Rituels, Mortiers de Presidens, Mansardes, Monoyes, & Manteaux. Ordres Religieux, & Militaires, Orgues, Perruques. R

Selles equestres, Tiares, Tabac en vsage, Theatres. V.

L'on compte plusieurs especes de peintures, la plate & la bossée. D'une couleur, ou de plusieurs. En huile, en detrempe, ou à fraisque. La Greque & la Romaine, la Gothique & la moderne, l'ebauchée & la finie, la travaillée & la croquée, &c.

Les Peintres ont leurs Academies. Taddée Zucchero fonda l'Academie des Peintres à Rome, vers 1580. Federic Zucchero en fut le premier élu Prince, & puis Simon Voüet, en 1624. On parle aussi de l'Academie des trois Caraches à Bolongne. Les Academiens de celle ci furent d'abord nommés les Desireux.

Les estudes sont les essais des Peintres. Le Titien & les Caraches auoient toûjours les Tablettes au poing. On les garde encore. Pline mentionne celles de Parrhase livre 35. chap. 10.

Les Classes des Peintres, selon aucuns. Pline a fait les siennes au nombre de trois. & nous pouvons faire les nostres. Dans la premiere sont Raphaël d'Vrbin, Michel Ange, Rubens, le Brun, Poussin, &c.

La peinture est quelque chose d'infini. Quand on sçait tout, on ne sçait point encore assez. Protogene ne pouvoit lever la main de dessus ses tableaux, & il ne se contentoit iamais. Les Peintres n'inscrivoient point *fecit*, mais *faciebat*. Leonard de Vinci dans la Cene qu'il a peinte à Milan, est demeuré court au visage de nostre Seigneur. Il ne la pas achevé, ne pouvant l'achever assez dignement. Il a esté quelquefois avantageux de ne point finir, personne n'osant le faire, apres la main du Maistre. Pline en raporte des exemples.

Le ressort de la Peinture est tres grand. Voyez mon traité de l'Imprimerie. On peut dire de la peinture, *Huic ego nec metas rerum nec tempore pono*. Tout est si fort de sa competance, qu'elle comprend même les choses qui n'ont iamais esté, & qui ne seront iamais, comme les Centaures, les Harpies, & autres monstres fabuleux.

La Peinture a ses sœurs, la Sculpture, la Graveure, la Mosaïque, la Fonderie, l'Architecture, &c. Il en est comme des Sciences, des Muses, des Graces, des Vertus, &c. Elles sont toutes sœurs. Les vices sont aussi freres.

On compare la Peinture & la Poësie. On dit que la peinture est vne poësie muette, & la poësie vne peinture parlante. On dit que les Poëtes peignent auec les paroles, & que les Peintres parlent auec le pinceau. Les Peintres doiuent sçavoir les Poëtes. Federic Zucchero estoit peintre & poëte. Le sieur du Fresnoy à écrit de la peinture en vers François. Mais on doute si la poësie est encore plus necessaire que la peinture.

Questions s'il faut toûjours imiter la nature, ou l'antique. Il faut les imiter quand elles sont belles, mais non pas autrement. Lequel vaut mieux d'un portrait bien peint, ou d'un bien ressemblant. Ie prefere le second au premier. Si nostre Seigneur alla chaussé ou pied nud. Saint Ierôme, S. Bonaventure, Denis le Chartreux, & autres, sont pour la nudité des pieds. Aucuns neanmoins n'en conviennent pas &c.

Questions de Droit sur la peinture. Si le Peintre deroge à noblesse, non. Au contraire il la rehausse. comme Michel Ange, le Primatice dit Boulogne, Iacques Callot. Ierôme Savaldi, Nicolas Poussin. Plusieurs Peintres ont esté annoblis, & faits Chevaliers, comme André Mantegne, que Louys Marquis de Gonzague

gue fit Chevalier de son Ordre. Tel fut aussi le Titien, & Iean Antoine Regillo, dit Pordenon, qui fut annobli par Charles Quint. Il ne travailloit aussi jamais que l'épée au costé, & quelque fois la rondache au prés de luy. On disoit qu'il craignoit quelque insulte de la part de Titien. Tel Ioseph Pin fait Chevalier de S. Michel, par Louys 13. Martin Fremipet par le méme: M. le Brun par nostre incomparable Monarque. Iean le Clerc Chevalier de St Marc. Antoine Vandeic Chevalier de la Iaretiere. Iean Lanfranc Chevalier de Saint Pierre, par Vrbain 8. Pierre Paul Rubens, par le Roy d'Angleterre, & par celuy d'Espagne. Mais voyez Tiraqueau chap. 33. de la noblesse. Voyez aussi mes Observations livre 3. chap. 4. Certains peignent toûjours l'épée au costé. Amulius, au raport de Pline, peignoit toûjours en robe de ceremonie, méme sur des catafalques.

Si la peinture doit ceder au proprietaire du bois, ou de la toile. Non. C'est la decision du droit Romain.

A qui est le Tableau commencé par l'un & achevé par l'autre. Il semble estre au second, ou du moins à celuy qui a le plus fait.

Si le Tableau attaché à fer & à clou est immeuble, pour estre censé & reputé faire partie de la maison. Il semble qu'ouy. Autres mettent en jeu plusieurs distinctions.

Si les portraits des ancestres appartiennent à l'aisné, à l'exclusion des Cadets. Ouy & on l'a ainsi jugé dans nostre Presidial de Bourges, sur mes conclusions, pour la famille de Messieurs Gibieuf. Ainsi les manuscrits du pere sont deubs à l'aisné, jugé par Arrest pour M. Corbin Avocat à Paris originaire de Berry.

Les Grecs defendoient aux serfs d'estre peintres. Alexandre fit un Edit portant defence à tous Peintres & Fondeurs, de faire sa figure, à la reserve d'Apelle, & de Lysippe. Vn excellent Peintre qui auroit merité la mort, devroit estre sauvé par la Loy *ad bestias*. La nouvelle Ordonnance Criminelle parle aussi des executions par effigie, art. 16. des defauts, & la Civile pour les veues & montrées art. 5. des exceptions. Mais voyez la Loy 17. D. *de instr. legato*. la Loy 5. D. *de his qui effud*. la Loy 25. D. *ad leg. Aquil*. la Loy 28. D. *de rei vind*. la Loy 5. D. *de praescript. verb*. la Loy 26. D *de cond. indeb*. la Loy 6. & 33. D. *de oper. lib*... la Loy 14 & 79. D. *de Verb. signif*. la Loy 9. D. *de aquir. rer. dom*. la Loy 15. D *de servit. praed. vrban*. la Loy 38 D. *de rei vind*. Voyez la Loy vnique du Code *Nemini licere*, mal entenduë par Duplessis Mornay, aussi bien que le *signum Dei*, par Accurse en la Loy *Titia D. de auro leg.*

Problémes Pourquoy les anciens peignoient si bien les nuditez. Ils avoient toûjours des esclaves nuds dans leurs maisons, des Gladiateurs nuds dans les Arenes, & quelquefois des femmes nuës sur les Theatres, comme aux jeux Floraux. Ce qui estoit abominable.

Pourquoy depuis l'an 600. jusqu'à l'an 1300 la peinture decheut entierement. Elle avoit eu son levant, & enfin elle trouva son couchant. Le Christianisme & les guerres en furent les causes.

Pourquoy l'on peint vne plaque ronde sur la teste de chaque Saint ou Sainte, c'est pour les distinguer, ou c'est que parce que l'on en attachoit de semblables sur les statuë exposées à l'air, pour les garentir des ordures des oyseaux. Cette ombrelle ou plaque ronde, se nommoit *Nimbus*, La Venus d'Arles en auoit vne.

Proverbes & dits remarquables. Gueux comme vn Peintre. Tel fut Laurentin d'Angel natif d'Arezzo. Tel Iean Antoine de Vercelles, dit le Sodome, car mourut à l'hospital de Sienne en 1554. agé 60. ou 70. ans : mais tel n'estoit pas Luc de Leyden. Discours plat, homme plat, &c. Il agit de la belle maniere. Ces termes semblent empruntés de la peinture. C'est vn grand coloriste, grand menteur, grand donneur de colles ou couleurs, & pretextes. Fini iusques aux ongles, *ad unguem*. Ce portrait luy ressemble comme à un autre, & raporte à autre qu'à luy. Lasne burine ioliment, Nanteüil parfaitement, la meditation est la science de l'ame, la lecture celle des oreilles, & la peinture celle des yeux. S. Luc doroit la pilule : car il estoit Medecin & Peintre. Le Peintre efface, le Sculpteur non. Le dessein du Peintre est perspectif, celui du Sculpteur Geometral. Le Peintre adjoûte, le Sculpteur oste. Le Peintre doit sçauoir de tout. Tout sert en peinture comme en ménage. Le blanc avance, le noir recule, mais il ne faut venir du blanc au noir tout à coup. Faut porter le compas dans les yeux plutost que dans les mains. Le temps découvre les defauts. Le Peintre apprend tous les iours. Apres le plan les couleurs. L'Abbé de M. estoit sçavant en peinture. Les Graveurs sont comme les serviteurs des Peintres, & des Sculpteurs. Peintre aveugle, Canonier sourd. Faut commencer à peindre dés sa ieunesse & dés le matin, le Peuple ne feroit qu'un monstre, s'il vouloit faire vn tableau celebre, comme le Iugement de Michel-Ange. Les Anges de la peinture sont Michel & Raphaël : mais on tient que Raphaël en est l'Archange. Chaque Peintre à son talent. Dessein de Michel Ange, coloris du Titien. A Richelieu on voit dans vn tableau vn combat d'hommes, de lions, & de chevaux. Rubens en a fait les personnages, Chenedre les animaux, & Fouquiere le peïsage. C'est la piece de trois, comme autre certaine Tragedie. Il faut vn Apelle pour vn Alexandre, vn le Brun pour Louys le Grand, vn Titien pour Charles Quint. Le Peintre ne vaut rien s'il ne trompe. Peignez le naturel, mais le beau naturel ; Les Turcs ne peignent rien. Peinture sur bois ressent l'immeuble, & sur la toile ressent le meuble. Le tableau n'est pas vne table. *Pictura non pascit*, nonobstant ce que dit Virgile. La peinture est vn paramort. On ensevelit les fautes des Medecins, on promulgue celles des Peintres. Les Peintres de France faisoient mieux à Rome qu'à Paris, mais auiourd'huy la chance est tournée. On ne va plus à Rome que pour les Pardons. A force de faire de mauvaises pieces, on apprend enfin à en faire de bonnes. Il ne faut pas faire viste & mal, grosse teste en Pays bas, petite teste en Italie. Tel aime la peinture qui ne s'y connoist. Home ridé, tableau écaillé, Peintre bleu, mauvais peintre. Peinture de Troye faite viste & mal. Autant de couleurs, autant de poisons. Les parois sont les papiers des foux. Nul tableau sans defaut. La peinture est noble, & neanmoins mal propre & sale. Il ne faut iamais peindre qu'en humeur. Un trait ne fait pas vn portrait. Il n'est point de si petit peintre qui ne fasse son regard. La solitude & le silence instruisent beaucoup. Quant à l'O de Giotto, Voyez M. Felibien en ses entretiens des Peintres. On peut comparer cét O à la ligne d'Apelles.

Adjoûtez ces proverbes Latins, *Ne sutor ultra crepidem. Nulla dies abeat quin linea ducta super sit. Pergula pictorum veri nihil, omnia ficta. Nihil est in sensu quod non fuerint in intellectu. Quoties pingit impingit. Similitudo est semper citra naturæ. Terra tegit errores medicorum. Gracia non vestit, Roma non nudat. Ne quid nimis. Sat cito si sat bene. Cuncta probes meliora legas. Picturas oculis targito non manibus. Argus esto non Briareus. facilius est obtrectare quam imitari, iudicare quam facere. De tabulâ est aliquid tollere posse manum. Interdum est olitor valde opportuno locutus. Depingendi habitus non uno nascitur actu. Picturæ peccare docent. Græcia capta ferum victorem decipit arte. Secessum tabulæ pictoris & otia quærunt Amphionis dispositio, Asclepiodori mensuræ seu symmetria. O imitatores servum pecus*, &c.

Les miracles, merveilles & singularitez de la peinture sont en grand nombre. La belle peinture de soy est vn miracle, & méme vne magie. Elle sçait peindre iusqu'aux passions de l'ame. Iacques Bassan se peignit luy méme, Holben se peignit deux fois luy méme, comme aussi IEAN BOVCHER natif de Bourges: le méme Boucher faisoit ses tableaux au premier coup. Il ne manieroit point non plus qu'Antoine Vandeic. Pamphyle Sculpteur de Rome estoit aveugle & peignoit. vn tableau du dernier Iugement, convertit Bogoris. Spinello natif d'Arezzo peignit le Diable si hydeux, que le Diable méme, comme on dit, l'effroya si fort en songe, que le peintre en pensa mourir, en eut la veuë egarée, l'esprit à demi perdu, & mourut peu de temps apres. Le Diable est vindicatif. Raphaël à copié la nature, mais Rubens à voulu la surpasser. Iean Holben natif de Basle estoit gaucher, cõme Turpilius ancien peintre, & Chevalier Romain. Quintin d'Anvers de Mareschal se fit Peintre pour épouser vne fille. Tempeste à gravé 1800. pieces. Callot 1380. L'Abbé de Marolles en a ramassé plus de deux cens milles. La peinture est vn bois precieux, vne toile precieuse. André Mantegne fut choisi à 17 ans, par les Citoyens de Padouë, pour faire les Tableaux du grand Autel de sainte Sophie en cette ville, Simon Voüet à 14. pour aller portraire vne grande Dame en Angleterre. Pline le ieune fit vne Comedie Greque à cét âge. Feu mon pere en 1610. prit ses degrez publiquement à 18. ans sous M. Bengy Antecesseur. Federic Baroccio vécut 84. ans, & en fut plus de 50. malade, & neanmoins il se signala par ses ouvrages. Les anciens faisoient merveilles avec de mauvaises couleurs. Les anciens faisoient la perspective à veuë. On a gravé sur la tuile, mais les estampes sont noires, & on ne peut en tirer que 20 ou 30.

Apelle peignit si heureusement vne Cavale, que les Chevaux en estoient en chaleur. Le méme peignit les Esprits, les Passions, les Tonnerres & les Foudres. Le méme peignit deux hommes, l'un depuis la teste iusqu'au nombril & l'autre depuis le nombril iusqu'aux pieds, & personne ne peut achever ces deux figures. Voyez de semblables exemples chez Pline. On fait des paysages qui estant tournez de costé font voir des visages. On moule les viuans aussi bien que les morts, pour en tirer la figure. On peint de memoire & d'imagination les absens.

Enfin avec cent sols de couleurs on fait cent écus de tableaux. Les Pharmaciens auec leurs herbes, font quelque chose d'aprochant.

Les chef-d'œuvres de Peinture sont, le Iugement de Michel-Ange, la Transfiguration de Raphael, la descente de Croix par Daniel de Volterre, & le S. Ierôme du Dominiquain. En fait de statuës sont le Laocoon du Vatican, l'Hercule de Farnese, Le Meleagre de Pichini, & la Venus de Medicis. En Fonderie c'est la statuë d'Antonin. En Sculpture c'est la colomne de Trajan.

•Les Iconoclastes auoient grand tort de s'élever contre les Images. Elles servent à la pieté. Nous ne les adorons point. Les tableaux sont encore moins dangereux que les bosses. Il est vray qu'autrefois l'on n'en mettoit sur les Autels, & plusieurs Eglises gardent encore cette coustume, comme l'Eglise Patriarcale de Bourges, de laquelle le chœur fut basti vers 850. avant que les Images fussent receuës en France, & la nef vers 1020. depuis qu'elles furent receuës. Car le chœur est sans bosse, & la nef en a plusieurs en œuvre.

Le dessein est la base de la peinture. Le Fialeti ieune peintre de Boulogne estant allé voir le Tintoret pour le consulter, il luy répondit que tout consistoit en trois points, le premier à desseigner, le second à desseigner, & le troisiéme à desseigner. En quoy il imitoit un ancien parlant de l'Eloquence.

Les sujets de peinture sont infinis. Tels sont les âges du monde, âges des hommes, Armées & Armures, Amours, Aveugles, Arbres & Arbrisseaux, Arts, & Metiers, Almanachs, Architectures, Amphibies, Balets, Baccanales, & Bousoneries, Bastimens, Bossas, Bohemiens, Blasons, Basreliefs, Bustes, Bains, Chasses, Combats, Cascades, Coquillages, Caprices, Carousels & Cavalcades, Catafalques, Commandemens de Dieu, Colones, Compartimens, Chapiteaux, Cartouches, Chimeres, Danses, Dieux & Deesses, Draperies, Denteles, &c. Insectes, Ieux, Iugemens, Iardins, Tours, Inclinations, Isles, Instrumens de Musiques, Legumes. Meteores, Montagnes, Mausolées, Mascarades, Modes d'habits, Morts, Massacres, Martyres & Miracles bien averez, Miséres des conditions, Moresques, Mois, Muses, Monarchies, Metamorphoses, Monstres de nature ou d'art, Machines poliorcetiques, Nuditez, Navigations & Naufrages, Nuits, Nuages. Oyseaux, Oeuvres de misericorde, Orfrais, Poissons, Païsages, Passions & pechez, phantaisies, postures, Pompes funebres Parties du monde, Planetes, Pasquinades innocentes, poincts & passemens, precipices, pots, Quadrupedes, Rivieres, Rapts ou ravissemens, Ruines, Rochers. Sens, ou cinq sens de nature, Siecles, Statuës, Sacrifices, Saints & Saintes, Saisons, Symphonies, Sciences, Sieges de ville, Singeries, Songes de Pantagruel, Theses, Tombeaux, Termes & Thermes, Tourmentes & Tempestes, Tabaciens, ou Tabacistes, Triomphes & Trophées, Terraces, Talismans, Vies & Visages, Vieillards & Vieilles. Villes, Vertus & Vices, Vases ou Vaisseaux, Vierges & Nostre-Dames, Vallées & Vallons, Yvrognes, &c.

Regles & avertissemens, maximes ou axiomes. Le peintre doit faire toutes choses comme Dieu, par nombre & par mesure. Il doit proieter son dessein pendant trente ans, & le faire en trois mois. Il ne doit iamais estre content de sa personne, & il doit se persuader qu'il ne sçait rien, & que tout ce qu'il a fait est peu de chose. L'honneur fuit les ambitieux & suit les humbles. Le Peintre doit toûjours

portes

porter le crayon, & les tabletes, & gueter les occasions de s'instruire & de s'en doctriner. Des Peintres les uns font moins que la nature, les autres plus, mais les plus parfaits ne font qu'autant. Le sujet doit estre visible, & autant que l'on peut unique, comme dans les pieces Epiques & Dramatiques. Les exemples instruisent plus que les preceptes, la pratique vaut mieux que la theorie, l'œil sert plus que l'oreille. On ne doit faire plus de trois groupes dans vn tableau. Annibal Carache regulierement, ny passoit point douze figures. Il évitoit le fatras, le galimathias, la confusion.

Les testes & les postures doivent estre toutes differentes, les pieds ne doivent iamais estre cachez dans les tableaux. Les choses pouront estre diversifiées, pour plaire d'avantage.

L'on ne doit faire que ce qui est possible, dans l'ordre de la nature, si le sujet n'est chimerique & phantastique. On doit si bien unir les iours & les ombres, que l'on ne sçache le lieu, ny des uns ny des autres. Il faut copier un matin, ou un soir plutost qu'un midy.

Les figures sur le bord du tableau, doivent estre plus fortes en coloris, & plus élevées de taille. Elles doiuent petiller & saillir Les figures entieres sont deuant, les demy figures sont derriere.

Tout presque doit estre rond, & presque rien ne doit estre plat. On peut estudier les figures, mais on ne peut point les forcer. Les testes, les yeux, les oreilles, les mains & le pieds doiuent estre les parties les plus finies, comme aussi les cheveux, & les barbes.

Comme on ne doit travailler qu'apres la belle nature, aussi doit-on cacher tout ce qui est honteux. Le tableau peut auoir ses digressions, & ses hors-d'œuvres, mais moderément, auec varieté & sans confusion.

La peinture n'a qu'un point de veuë, mais la Sculpture en a plusieurs. Car on peut speculer une statuë pardeuant, par derriere, de costé, de biais, &c.

Les Flateurs font plus de tort au Peintre que les médisans. Les ennemis sont souvent plus utiles que les amis. Et miserable est qui n'a ny amy pour estre secouru, ny ennemy pour estre enseigné. Il faut quelquefois oser plus que l'on ne peut, pour faire au moins autant que l'on peut. On doit corriger ses mauvaises habitudes, & ses mauvaises idées. Il est plus aisé d'enseigner un ignorant que de corriger un mal'appris. Les mauvais Peintres sont d'un grand secours dans la peinture. Car ils enseignent comme il ne faut pas faire, leur école est negative & abnutive.

Les licences des Peintres sont grandes, aussi bien que celles des Poëtes. Elles doiuent seruir à orner & non à corrompre. La plus grande est celle de feindre, mais qui doit estre artificieuse & moderée.

Les fonds des tableaux sont infinis, car on peint sur toutes choses, bois, toile, papier, parchemin, velin, tafetas, satin, cire, marbre cuivre, mémes les parois & murailles, &c. *Tabula* se dit quoy que la peinture soit sur tout autre chose que du bois. Cadre se dit, quoy qu'il soit en rond, en oval, ou à pans. Car l'usage desapropric volontiers les noms.

C

Voici l'équipage du Peintre. Paul Iurisc. le decrit ainsi, *Instrumento picloris legato colores, penicilli, cauteria & temperandorum colorum vasa debebuntur.* Voyez la Loy 17. *D. de inst. leg.* qui adioûte *ceras & conchas*, & ses sentences au titre *de legatis*, de l'edition de Bourges en 1595. Mais il faut adioûter les paletes, les chevalets & les manequins, ou plutost faquins, qui sont des figures de bois mobiles & versatiles, comme aussi les eponges pour effacer. *Cauteria* semblent estre des couleurs pour peindre en email. *Encaustum*, est la source de nostre mot d'encre.

Le dessein est l'ame de la peinture, les couleurs en sont le corps, mais les couleurs se trouvent plus aisement que le dessein, comme disoit le Tintoret. Car les couleurs se trouvent dans les boutiques des Marchands, & le dessein ne se trouve que dans la teste des excellens Peintres. Il adioûtoit que le blanc & le noir estoient les plus precieuses, parce qu'auec ces deux seules on peut marquer les iours & les ombres, & releuer les figures. Les tableaux seront hauts en couleur, car ils se dechargent toûjours. Lustre est plus que couleur. Le Titien estoit meilleur coloriste que desseignateur. On compte quatre principales couleurs, qui sont paralleles aux quatre elemens: le gris ou cendré represente la terre, le verd l'eau, l'azur l'air, & le rouge le feu. Le blanc & le noir representent le iour & la nuit, la lumiere & les ombres. Les saisons sont aussi representées par les couleurs. Le Printemps par le verd, l'Esté par le rouge, l'Automne par le iaune, & l'Hyver par le blanc. Les quatre parties de la Terre ont aussi leurs couleurs, l'Europe est vestuë de bleu, l'Asie de verd, l'Afrique de rouge, & l'Amerique de blanc. Rome & CP avoient leurs factions verte, bleuë, blanche & rouge. Les Penitens sont aussi blancs, noirs, gris, bleus & rouges. Les Chevaliers portent les éperons dorez, & les Escuyers ne les portent qu'argentez. Les anciens se servoient de tripoli pour blanc, d'ocre Attique pour iaune, de bol Armenien rouge, & de vitriol pour noir, & neanmoins faisoient des merveilles auec ces miserables couleurs. A present nous avons l'ocre, le massicot ou machicot, l'outremer, le vermillon, le brun, la laque, la sanguine, l'inde, le bistre, le semate, le stul de grain, la pierre de fiel, le carmin, l'orpin, la ceruse, la terre d'ombre, de colombe, le verd de vessie, de gris d'Iris, de mer, de montagne, le noir de fumée, ou de charbon, &c. Avec ces couleurs simples ou doubles, cruës ou mélées, entieres ou rompuës, illustrés ou subblustres, gomées, collées ou huilées, on drape, on fourre, on bastit, on boise, on flame, on fume, &c. Le Titien y mettoit de la grape de raisin, pour assaisonner & temperer les clairs & les bruns. L'ocre iaune est le symbole des Confesseurs, l'ocre rougi au feu, est celui des Martyrs. Mais sur les couleurs voyez Pline en son 35. livre. I'oubliois de remarquer que le Soleil ne fait pas les couleurs, mais qu'il les montre, & que quand il domine trop en vn lieu, il les absorbe. Que les couleurs sont naïves ou factices. Que le iaune & le bleu font le verd; le iaune & le rouge font l'orangé. Que le blanc est leger, & le noir pesant. Que les Orateurs & Declamateurs, ont leurs couleurs ou exercices. Que donner vne colle c'est colorer vne action vicieuse, &c.

Les huiles à l'usage de la peinture sont d'oliue, de noix, de lin, de chanvre, de rave, de poisson, &c. Mais la meilleures de toutes est celle de noix. Voyez plusieurs autres huiles chez Pline & Dioscoride. On en tire de toutes choses. On ne doit pas dire tirer de l'hoile d'un mur, mais d'un marc, *ex amurca*. On parle ainsi d'une chose qui n'est possible qu'aux avares.

On assigne ainsi les dimensions du corps humain. On luy fait la taille à la hauteur de sept ou huit testes. On le divise en dix faces, depuis le sommet de la teste iusqu'à la plante des pieds. Il est aussi large que long, quand il étend les bras.

Les portraits personnels sont les plus vtiles ouvrages de la peinture. C'est vne consolation pour la curieuse posterité, de sçauoir comme les anciens hommes de merite estoient faits. Le discours ne réüssit point encore si bien que le crayon *Clypeum* estoit vn portrait rond. Esope, Vlysse, & Socrate, estoient laids. Messieurs de Saumaise, de Balzac, & des Cartes, n'ont pas vne physionomie fort avantageuse. On demande si nostre Seigneur estoit beau. Le Pere Vavasseur en a fait vne curieuse dissertation. Nostre Dame estoit plutost brune que blanche. Les quatre Grands Capitaines estoient borgnes, Hannibal, Philippe de Macedoine, Antigone, & Sertorius. Le Chancellier de l'Hospital auoit tout le visage d'Aristote comme remarquent Messieurs de Thou dans son histoire, Sainte Marthe dans ses Eloges, Lambin dans vn Poëme Latin, *Haccine Aristotelis, &c.* Chrysippe & Henry 4. estoit facile à tirer, S. Ignace Fondateur des R. P. Iesuites fort difficile, ou en effet, ou parce qu'il ne vouloit point estre tiré. Le portrait de M. le Maistre dans vn tableau de S. Chrysostome, à fait quelque bruit. Le Cardinal Bembo se faisoit peindre en S. Ierôme. Alexandre ne voulut estre peint que par Apelle, & fondu que par Lysippe. Et il en fit vn Edit, dont parle Horace. Vn avare refusa son tableau, sous pretexte qu'il ne lui ressembloit pas assez. Le Peintre y adioûta des oreilles d'asne, & vne marote, & l'exposa en public, pour se vanger. Les visages longs comme en gondole, sont visages de bonté. Les Peintres font ressembler en beau, & flatent souvent l'original. Les Dames se font peindre en Diane, mais d'une Hecube, on ne doit pas faire vne Helene & d'un Thersite un Narcisse. Quelques vers d'Homere ont serui à faire des portraits. M. Scarron se fit tirer par *L'occiput* ou derriere, au lieu de se faire tirer par le *Sinciput*, ou devant. Pline mentionne vn Hercule d'Apelle peint de méme. *non aduersum sed auersum*. On ne tire que la teste, parce que l'on n'est cõnoissable que par ce membre. On baptise par la teste, on confirme par la teste. Où est la teste là est la sepulture. Voyez M. Cujas en ses Observations, liv. 19 chap 25. & liv. 21 chap. 4. Vn bon portrait est aussi curieux qu'une belle peinture. On veut voir comme les gens de merite estoient bastis, c'estoit la curiosité de Varron & de Paul Iove. Le plus singulier portrait qui soit iamais tombé entre mes mains, est celuy de M. de Verdun premier President. Le Peintre ne la point flaté, & apparemment ce grand Magistrat ne se fit tirer que par humilité. Vandec & Nanteüil se sont eternisez par les fidels portraits qu'ils ont faits. Les portraits du siecle passé, ne consistoient qu'en barbe, mais à present ils sont tous en perruques plutost qu'en visages. Au reste il ne faut pas prendre toutes les testes du promptuaire des medailles pour estre veritables. Les plus anciennes semblent plus suspectes.

Mais c'est vne chose assez singuliere, de voir que les Ministres Protestans font graver leurs portraits sous les noms des anciens Philosophes. J'ose dire que de tant de portraits encore un coup, je n'en vois point de plus gosse que celuy de M. de Verdun premier President. Il a la bouche tournée, les sourcils chagrins, le visage decharné, son bonnet carré de travers, le col fourré, & trois mortiers de President devant luy comme sur vne table.

Varron le plus sçavant des Romains, a esté de son temps le plus curieux en portraits. Il en auoit ramassé iusqu'à sept cens, & auoit fait vn Epigramme sur chacun. C'est à dire, que l'on voyoit dans ses galeries, & portiques, bibliotecques, & cabinets, les figures de plusieurs Roys des Assyriens depuis Belus, des Armeniens depuis Egialeus, des Argives depuis Inaque, des Atheniens depuis Cecrops, des Lacedemoniens depuis Lelex, des Troyens depuis Dardanus, &c. & peut-estre de Moyse. Comme aussi les figures des celebres Capitaines de Grece, Miltiade, Themistocle, Aristide, Pausanias. Et celles des celebres Romains, comme Brutus, Horace le borgne, Mutius, Cincinnat, Coriolan, Camille, &c. Et des celebres Philosophes, Medecins, Historiens, Astronomes, Geographes, Philologues, Orateurs, Poëtes, Musiciens, &c. Et entr'autres des dix Orateurs de Grece Andocide, Antiphon, Demosthene, &c. Et des neuf Lyriques, Alcée, Anacreon, &c. Il n'auoit aussi oublié les Dames Illustres, comme Semiramis, Mandane, &c. Mais principalement de Marthesie, Lampede, Orithie, & autres Amazones. Il n'oublioit point les fameux Peintres, Statuaires, Fondeurs, Athletes, & celebres inventeurs de toutes choses.

Les Auteurs font aussi des portraits Sidoine depeint Theodoric, depuis la teste iusques aux pieds. Le méme depeint ainsi les Philosophes livre 9. Letre 9. *Zeusippus curua ceruice, Aratus panda, Zenon fronte contracta, Epicurus cute distenta, Diogenes barba comante, Socrates coma candente, Aristoteles brachio extento, Xenocrates crure collecto, Heraclitus fletu oculis clausis, Democritus risu labris apertis, Chrysippus digitis propter numerorum indicia contractis, Euclides in spatia laxatis, Cleanthes propter utrumque corrosis.*

Plaute decrit ainsi le messager d'amour. *Ille calvus senex, flatutus, ventriosus, tortis supercilijs, contracta facie.* Terence ainsi, *Magnus, rubicundus, Crispus, Crassus, Cæsius.*

L'homme que les Philosophes appellent Microcosme, est le chef-d'œuvre de la nature. & aussi de la peinture. Il coûte plus de travail & d'industrie à peindre que tous les autres sujets Dans les portraits on doit le faire tel qu'il est, mais hors cela, on ne doit le faire qu'apres la belle nature, & la belle antique. La taille sera plutost haute que basse, le corps plutost plein que maigre, la teste plutost petite que grosse. Les yeux plutost gros que petits. Le nez plus long que court, les cheveux plus blonds que noirs. On compte quatre chefs incomparables, celuy d'Apollon pour homme, de la Venus de Medicis pour femme, du petit Neron pour enfant, & du Tibre pour Vieillard. Mais pour connoistre si vn tableau est fini, il faut regarder aux oreilles, aux mains, & aux pieds. Il faut voir les cheveux & la barbe, si le Peintre les a bien demelez, &c.

Le

Le Peintre doit connoistre les peuples pour les representer comme ils sont. François blanc, Espagnol bazané, Egyptien olivastre, More noir. Sidoine est admirable pour ces sortes de catalogues, comme en son deuxiéme Poëme, *Bibit Achemenius, &c.* Et dans son cinquiéme, *Fert Indus ebur, &c.* Et encore *Sydera Chalaeus, &c.* Et dans son septiéme, *Cursu Herulus, &c.* Christophle de Longueil dans son Panegyric de S. Louys, assigne à chaque peuple de France sa qualité. Il y nomme nos Berruyers, *Militares*. Iean de Boëme, sçavant Allemand, ramassa au siecle passé les mœurs & les merites des peuples, en trois livres, & les dedia à Sigismond Grym Medecin d'Ausbourg.

Certains Tableaux ont leurs noms comme ceux ci, *Anadyomene*, vne Venus sortant de l'eau *Anapauomenos*, vn Satyre se reposant. *Hemeresios*, vn Tableau croqué en vn seul iour. *Stephanoplocos*, vne bouquetiere. *Aposcopon*, vn Satyr auec vne peau de panthere. On distingue les N. D. par vne infinité de noms, N. D. des Anges, N. D. du chou ou chasteau, &c.

Les peintures anciennes sont rares. On a vne infinité de statuës entieres, mais on a point de tableaux complets.

Vers 1665. on trouva à Fontmaures prés Clermont en Auvergne, vne tres ancienne peinture à fresque, qui representoit Acteon, & laquelle se redusit en poussiere, le premier ou second iour qu'elle prit l'air.

Il ne reste plus en Italie de la peinture ancienne que des morceaux à fraisque qui ont esté tirés de la ville Adriane, le peu qui se voit à S. Gregoire, ce qui est encore dans les ruines des Thermes de Tite, & cette frise qui represente un mariage, laquelle est dans la vigne Aldobrandine. On remarque dans ces pieces la méme beauté qui se voit dans les statuës antiques.

Le prix des Tableaux est quelquefois excessif, & souvent fabuleux. Car on fait plusieurs comptes sur ce sujet.

On dit que Monsieur le Cardinal de Richelieu offrit dix mille livres d'une main de Iudas à une Cene, à S. Leu & à S. Gilles, Eglise de Paris On a offert mille Louys d'or du S. François Xavier, qui est au Noviciat des R. P. Iesuites de Paris. Le Chapitre de Bourges refusa quinze cens livres d'une nostre Dame, qui est attachée à vn pilier. Bularque tira de Candaule Roy de Lydie le pesant d'or d'un grand tableau en bois, qui representoit une bataille. Apelle fut payé à peu prés de méme par Alexandre, comme aussi Aristide de Thebes. Le Tyran Mnason paya de méme les pieces d'Asclepiodore, & de Theomneste. Voyez les autres exemples anciens chez Pline, & les exemples modernes chez M. Felibien.

Paradoxes ou sentimens singuliers sur la peinture. Vn bon peintre peut faire vn mauvais tableau, & un mauvais Peintre peut faire un bon tableau.

Il vaut mieux faillir en travaillant de son estoc, que de n'en faire point en imitant seulement. *Pingito Marte tuo, generosa imitatio non est.*

Les enfans iugent mieux de la ressemblance des portraits que les adultes.

Le Peintre doit sçauoir la perspectiue, mais il ne doit pas en estre esclaue.

Vn Peintre ne peut deguiser son pinceau, non plus qu'un écrivain sa plume.

Pour estre bon peintre il ne faut estre ny bigot ny superstitieux, mais se donner vne honneste liberté de sçavoir tout.

Il est de mauvais originaux, & de bonnes copies, Les mediocres tableaux peuvent tromper la veuë, & les excellens peuvent ne la pas tromper.

Observations particulieres sur la peinture. Les ieunes gens peignent fleuriment, es vieillards sechement. Il en est de méme des Auteurs.

Les seuls aveugles ne sont point touchez de la peinture.

Certains tableaux doivent estre veus de prés, autres de loin. Le cadre ne fait rien au tableau. On le dore quand la peinture ne vaut rien. Ainsi à vieille mule frein doré. La raison, le iugement, & le bons air, sont les principales parties d'un Peintre. Le Predicateur *disponit sermones in iudicio*, le Iardinier *plantas*, le Capitaine *milites*, le Menager *negotia*, & le Peintre *figuras*. Les copistes ne sont que les imitateurs des imitateurs. La paix est la mere des Peintres, & la guerre la marastre. *Pax est Pictorum mater, Bellona noverca.*

Les personnages d'un tableau doivent estre actifs comme les muets qui parlent par gestes. *Vtitur ore loquax mutus, nutuque manuque*

Il y a bien de la manie dans les iugemens des hommes. l'esprit du Peintre doit estre tendu comme sa toile.

Les Peintres font les tableaux, & les tableaux font les Peintres. Les ignorans employent les couleurs simples, mais le sçavans ont le secret de les temperer, & adoucir. Le Peintre doit auoir mille figures pour en choisir. Il doit garder la bien-seance, & le *decorum*, comme un Orateur: il doit distinguer les toiles, les draps, & les etofes. Il doit modeler ce qui peut luy échaper. Il doit sçavoir de tout, & raporter tout à sa profession. Il doit estre l'Argus de ses ouvrages. mais non le Narcisse. Il doit viser toûjours à duper les yeux. il doit sçavoir le creux & le connexe, le prochain & le lointain, le clair & l'obscur, le fort & le foible, l'union & la desunion, l'atroupement & le congediment, le trop & le trop peu, l'excez & le defaut Il ne doit iamais dire ce tableau me coûte beaucoup de temps, ou peu de temps. Car il donne prise à la raillerie des deux costez. Il doit chercher des diamans dans les fumiers de la Gothique, & des grains d'or dans les sables de l'ignorance. Il doit toûjours arondir comme la nature. Car elle ne fait ordinairement rien de plat. On ne pouvoit presque nettoyer la detrempe sans l'endomager. Pline en raporte vn exēple sur vn tableau d'Aristide le Thebain. Les Peintres ont comme Hercule leurs ergues & parergues, leurs ouvrages, & leurs digressions. *Alcides ergis inclaruit atque Parergis.*

Toile imprimée de trois ou quatre ans, vaut mieux. Les Peintres n'ont souvent du pain que quand ils n'ont plus de dents. On peint à demi corps, ou en buste à demi face ou de pourfil. On peint de front, de costez, ou de trois quarts. La peinture enfonce ou fait saillir. le clair & l'obscur, relevent & enfoncent. Trois choses sont difficiles à peindre, le bruit du tonnerre, les éclairs du foudre, & la lumiere des éclairs On peint en detrempe, à fraisque, ou bien en miniature, & en pastel. La detrempe se fait auec de l'eau gomée, ou de l'eau de cole. La miniature se fait à petits points, il faut ponctuer ou plutost pointiller. Il faut auoir des yeux & du bon sens commun pour iuger sainement de la peinture. On dit dessein de Michel, & grace de Raphaël. Le Guide ne pût jamais faire un Diable laid. Les arts sont liberaux, mechaniques, ou ludicres. Liberaux comme la peinture, mechaniques comme la cordonnerie, ludicres comme la danse. On doit peindre en beau plutost qu'en laid, & ne pas imiter le singe. Certains Flamans font de petits corps, de grosses testes, des cheveux mal demelez, des oreilles rabatuës, des doigts courbez & recourbez.

Histoires suspectes, ausquelles les Peintres & les Sculpteurs ont donné lieu S. Christophle portant nostre Seigneur sur ses épaules, S Denis Evêque de Paris portant sa teste dans ses mains, comme presque tous les autres Martyrs acephales, le dragon de plusieurs Saints & Saintes, &c.

On a fait quelquefois d'étranges usages de la peinture. Lampugnan s'accoûtuma à poignarder en copie un de la Maison de Medicis, & ensuite le poignarda en original. Ce nom de Lampugnan passe à present pour un traistre, un assassin, mais on le deprave en celuy de Lamponier. Vn Chevalier de Rhodes fit bien mieux: il s'exercea à combatre un dragon en peinture, pour en combatre ensuite un effectif, & le defit, comme on dit. Car la plus grande partie des histoires de dragons sont fabuleuses, ou du moins suspectes.

Les Coriphées des Peintres anciens de Grece sont ceux-ci. Apelles, Aglaophon Apollodorus, Androcydes, Aristides, Amphion, Asclepiodorus, Aristodemus Aristocles, Aristippus, Antorides, Antiphilus, Antidotus, Athenion, Aristolaüs, Bularchus, Brietes.

Colotes, Charmas, Cimon, Cephissodorus, Callicles, Calaces, Ctesidemus, Cydias.

Dinias, Dorotheus, Dionysius, Anthropographus.

Eumarus, Empompus, Euxenidas, Euphranor, Evenor, pere de Parrhase, Enchion.

F. G. Hygiænon Heraclides. I. Lysippus. Mycon, Melanthius, Metrodorus, Mechopanes. Nealces, Nicomachus, Nicophanes, Niceros, Nicias. O.

Phidias, Panæus frere de Phidias, Polygnotus, Phrylus, Pamphilus precepteur de Parrhase, Protogenes, Philoxenus, Pyreicus, Pausias. R. S.

Timagoras, Timanthes, Timomachus, Thesimachus, Theomnestus. V. Zeuxis.

Les Coriphées des Peintres modernes, entre lesquels excellent ordinairement les Romains, Venitiens, Parmesans, Bolonois, Parisiens.

A. Le Brun. Les Caraches. D. E. F. G H. I. Lelé. Michel Ange, Mignard. Nanteüil. O. Poussin. Raphaël, Rubens. S Titien. Vendyc, &c.

Peintres de Bourges. Iean l'Escuyer, qui mourut en 1556. Iean Boucher, qui mourut vers 1631. &c. Le premier repose à S. Iean Deschamps & le second à S. Bonnet, dans sa Chapelle. M. Chenu dans les Privileges de Bourges, & M. de la Thaumassiere dans son histoire de Berry, n'ont point oublié ce dernier.

Peintures de Bourges. l'Assomption des Cordeliers la Pentecoste des Iacobins, la Transfiguration des Augustins, le Crucifix des Benedictins, qui sont tous ouvrages de M. Boucher. Adioûtez les vitres de M. l'Escuyer à l'Hostel-

Dieu, à S Iean Deschamps, à S. Bonnet, & ailleurs. Voyez aussi vne Natiuité aux Carmelites, vne Visitation aux Salesienes, vne Assomption aux Iesuites. Adioûtez aussi les Vitres de la sainte Chappelle, & celles du superbe Hostel de Iacques Cœur. Les premieres arrestent les rayons du Soleil. Bourges est aussi le berceau des Emblemes, André Alciat, & Barthelemi Aneau, en font les premiers Auteurs. I'en ay fait aussi vn bon nombre en Monostiques, Distiques, Tetrastiques &c. Messieurs de Maubranches Lieutenant general, & de la Thaumassiere Avocat, sont nos principaux curieux de tableaux, d'estampes & autres Cimelies, mais sur tous Monseigneur Phelippeaux nostre Patriarche & M. de Bethune Comte de Celles.

Ecoles de peinture. Vers 1470. deux s'éleverent en Italie, l'une de Venise & de toute la Lombardie; l'autre de Florence & de Rome. Les Lombards eurent du commencement l'avantage, mais dans la suite les Romains l'emporterent à la faveur de Raphaël d'Vrbin. George de Chasteau-franc, Antoine de Corege, & Titien, illustrerét l'Ecole de Lombardie. Les Peintres d'Italie se partagerent aussi les vns pour Michel Ange, Carauage, & pour Ioseph Pin. Carauage estoit pour imiter la nature, Pin pour suivre son imagination. A present les Ecoles pictorales les plus celebres sont à Rome, Venise, Paris, &c.

Sectes des Peintres, antiquaires ou modernes, Polis ou Gothiques, Italiens, ou Septentrionaux. Detempeurs, ou Huileurs, excellens ou barboüilleurs, vniversels & propres à tout, ou bornés, vnicouleurs, ou versicouleurs, Historistes ou Iconistes. Claristes, ou Brunistes, gratieux, ou chagrins. Modestes ou Libertins Nudistes, ou Drapistes, Saints ou profanes, Autographes ou apographes, Originistes ou Copistes, Serieux, ou boufons, Muets ou Roulistes, ronds ou plats, Beaux ou iolis. Peintres comme Raphaël, Semi-peintres comme Ioseph, Pin, sesqui-peintres, comme Rubens qui vouloit mieux faire que la nature, & en donner de reste à Dieu.

On a aussi des peintres en grand ou en petit, des extemporels, & des peintres à loisir, des forts & des foibles, des fariniers, charbonniers, sanguinistes, & herbistes, qui sont tous affectateurs de certaines couleurs. Des Naturalistes & des mutilateurs, qui estropient leurs figures.

Il y a enfin des Arboristes, Artistes, Bataillistes, Baccanalistes, Blasonistes, Cuisinistes, Calotistes, Chimeristes, Capricieux, Deistes, Drapistes. E. Fleuristes, Fabulistes, Forestiers, Gueusaiques, Herbistes, Heroistes, Iconistes, L. Michaëlistes, Modistes, Naufragiens. O. Païsagistes, Procellistes, Rubenistes, Raphaëlistes. S. T. V.

Combats de peintres. Voyez Pline en son histoire, livre 35.

Confreries de Peintres. Ceux de Florence en establirent vne dés 1350. sous le titre de S. Luc. On pouvoit aussi l'établir sous celuy de S Iean l'Evangeliste, à cause des visions mysterieuses qu'il décrit dans son Apocalypse.

Familles Peignantes, comme les Caraches, &c.

Les Peintres ont leurs industries, comme celle de Timanthe chez Pline quand il décrit son Iphigenie & son Cyclope, celle d'un autre qui peignit Antigone borgne,

gne, mais du costé qu'il voyoit. Celle de Protogene qui fit quatre enduits sur vn tableau, afin que l'un tombant l'autre demeurast. Nicomaque & Philoxene son disciple, trouverent des secrets pour peindre auec celerité. Vn dragon peint effara, au raport de Pline, des oyseaux qui chantoient par excez. Auec une Vache peinte sur une toile, on approche des oyseaux pour les prendre. Le Tintoret faisoit des figures de cire ou de terre, & les couvroit de petits linges moüillez. On calque les tableaux, on les grille pour le tirer auec plus de iustesse.

La gloire de Peintres. Apelle mit Protogene en vogue. Certains n'ont esté connus qu'apres leur mort, comme Annibal Carache, & le Dominiquain. Autres n'ont esté connus que pendant leur vie, comme Ioseph Pin.

Privileges des Peintres On peut dire d'eux ce que Monsieur Cujas dit des Poëtes, *Poëta immunitatem non habent, non quod non sint eâ digni, sed quia lex deficit.* C'est ainsi qu'il s'énonce sur cette constitution de l'Empereur Philippe, *C. de prof. & med. Poëta nullâ immunitatis prærogativâ iuvantur.*

Les surnoms des Peintres sont ordinairement tirez des lieux de leur naissance. Ainsi le Primatice est connu en partie sous le nom de Boulogne, parce qu'il y estoit né. Philippe d'Angeli fut surnommé le Neapolitain, parce qu'il y fut mené fort jeune.

Iean François Penni fut surnommé il Fattore, parce qu'il estoit expeditif. André del Sarte fut ainsi surnommé, à cause qu'il estoit fils d'un Tailleur d'habits. Iacques Robusti, Tintoret, à cause qu'il estoit fils d'un Teinturier.

Thomas Florentin fut surnommé Giottino, parce qu'il estoit grand imitateur de Giotto, Pierre Rosselli, ou Rousseau, fut surnommé Cosimo ou Cosmo, à cause de son Maistre. François Salviati, à cause du vieux Cardinal Salviati qui l'employoit, Barbier da Cento, le Guerchin, à cause qu'il estoit louche. André del Castagno fut surnommé de l'Impicati ou pendus, parce qu'il en fit un tableau. François Turbide fut surnommé le More, parce qu'il estoit fort brun.

Iean Antoine de Vercelles fut surnommé le Sodome, parce qu'il ne peignoit que des abominations. Gerard Honthorst natif d'Vtrec, fut surnommé le Hybou, parce qu'il affectoit de peindre des nuits. Tintoret fut surnommé la Lampe parce qu'il travailloit souvent à cette clarté. Charles Saracin Venitien, fut surnommé le Taillé, parce que souvent il peignoit des Eunuques. Ioseph Pin fut surnommé le Cavalier, parce qu'il recherchoit les histoires où il falloit des Chevaux. Pyreique qui ne peignoit que des pauvretez, & des bassesses, fut surnommé Rhyparographe. Vn certain Denis, qui au rapport de Pline, ne pouvoit faire que des Portraits, fut surnommé Anthropographe. Entre plusieurs Peintres Auteurs, que ie pourois rechercher, sont ceux-ci.

Pierre de la Franchise écrivit plusieurs livres des Mathematiques. Federic Zucchero, de la peinture, comme aussi Leonard de Vince, & Nicolas Poussin.

Albert Durer à fait des traitez d'Arithmetique, de Perspective, & de Symmetrie, & des proportions du corps humain.

Reparties ou bons mots de Peintres. Voyez Pline, Vasari, & M. Felibien, *aliàs*, de Phelibien *de Philippiano* excellent Auteur.

D

Mais ie ne puis oublier celui-ci. Vn Peintre qui ne sçavoit faire que des Veroniques & des S. Nicolas, insinuoit son goust à tous ceux qui luy demandoient d'autres tableaux à faire. Quand on luy demandoit un S. Sebastien sur le gril, un S. Sebastien à la broche, un S. Iean en Chaudiere, Ah! Monsieur (disoit-il) qu'un S. Nicolas est bien plus beau qu'une Veronique, est bien plus devote.

Les Dames se mélent aussi de la peinture : ie ne parle point de celles qui comme des Magdeleines portent toujours la boëte. Timarete fille de Mycon, peignoit, au raport de Pline. Il en nomme plusieurs autres, livre 35. chapitre XI. sur la fin. Quant aux modernes Amilcar Angusciola noble Cremonois, eut quatre filles, qui toutes s'apliquerent à la peinture. Marie fille du Tintoret peignoit tres-bien, & particulierement des portraits, comme aussi Lavinie fille de Prosper Fontaine natif de Boulogne en Italie. Hubert & Iean Van Eyc, dit de Bruge, auoit une sœur nommée Marguerite, qui demeura dans le celibat, pour peindre auec plus de plaisir.

La premiere femme de Simon Voüet sçavoit peindre, & l'enseignoit à quelques Dames, elle se nommoit *Virginia di Vezzo Velletrano*, & il l'épousa en 1626. les hommes ne se mettent point fort en peine de faire tant instruire les femmes, car elles pourroient les exceller.

Sciences & Arts que doit sçavoir vn Peintre. L'histoire & la Fable, il sçaura son *non sic fuit ab initio*, il évitera les anachronismes, & les prochronismes, il sçaura l'Anatomie, qui est la science des muscles & des nerfs, il sçaura l'Architecture, il sçaura les Mathematiques, & principalement la Geometrie, & l'Optique. Augustin Tasse excelloit, principalement dans les perspectives.

Michel Ange faisoit des anatomies d'hommes & d'animaux, & principalemét de Chevaux. Tintoret estudioit les muscles & les nerfs sur les cadavres. Albert Durer estoit aussi un excellent Anatomiste. Plusieurs Peintres employent le compas pour prendre les dimensions du visage qu'ils veulent portraire. Le feu sieur de la Houve natif de Paris, & originaire de Flandre, en usa ainsi en 1678 quand il voulut attraper mon visage & le peindre. Raphaël d'Vrbin alloit estudier les antiques dans les ruines du Colisée.

Le Peintre sçaura aussi la Geographie, & ne mettra pas des Lyons au Septentrion, des Ours en Afrique, des Loups en Angleterre, & des Elephans en France.

Tout sert à la peinture, mais la peinture doit faire un iudicieux choix à l'exemple des Abeilles.

Pierre-Paul Rubens parloit sept Langues, aussi il estoit Ambassadeur.

En fin comme un Peintre doit estre Pantomine, il doit tout sçavoir & estre de tous mestiers. Vitruve est aussi rigide pour son Architecte.

Entre les Auteurs anciens qui ont écrit des Peintres, & de la peinture, & qui restent, Pline est le pricipal.

Ces Auteurs modernes Vasari, Borghini, Ridolfi, le Cavalier Baillon, Monsieur Felibien, duquel ie me sers souvent, ont écrit des Peintres, Monsieur de Chambray à fait un livre de la perfection de la peinture. François Iunius à écrit de celle des anciens. Monsieur de Moliere a fait un Poëme François de la peinture.

Ainsi on a traité toutes les sciences & presque tous les Arts en vers.

Le Pere Mathieu Zaccoloni Theatin à écrit de la Perspective, à l'exemple d'Alhazen, & de Vitellion.

La Bibliotheque des Peintres. la sainte Ecriture, Aristote en ses animaux, Apollodore en ses Dieux, Alciat en ses Emblemes, & Anulus. S. Augustin de la Cité de Dieu. S. Ambroise en son Hexameron, Arioste en son Roland. Furieux, les Argonautiques, Artemidore. Du Bartas en sa Semaine, Binet en ses Essais, Baronius, Calcondyle, Claudien, Cassiodore, Chapelain Poëte Epique, Dalechamp, Dion Cassius, Drexelius, Eusebe, Esope, Erasme en ses Proverbes, Elien. F. Gesner, Homere, Hesiode, Herodote, Hygin en ses Fables, Horus Apollo, l'histoire Auguste, Ioseph, Iustin l'historien, Isidore en ses origines, Inscriptions de Gruter, Iovius, Laërce. Lucain, Lucien. Medailles anciennes, Macrobe, le Moyne Iesuite, Notice de l'Empire, Nonnus dans ses Dionysiaques, Ovide, Orosius, Pausanias, Philostrate, Plutarque, Pline le vieux, Prudence, Polydore en ses Inventeurs, Pancirole Pierius en ses Ieroglyphiques, Petrarque, R. Solin, Suetone. Suidas, Silius Italicus. Stace, Sulpice Severe, Servius sur Virgile, Sidoine, Surius, Tite Live, Theocrite, Tasse en sa Ierusalem, Theophraste en ses Plantes, & en ses Caracteres, Tertullien, Virgile, Valere Maxime, Vitruve, Villalpandus, Vida, &c.

Nous n'avons pas les Auteurs dans lesquels Pline à pesché son 35 livre: Mais nous avons tant de modernes qui ont écrit des Antiques Grecques & Romaines.

Nous avons plusieurs Epigrammes sur les Peintres. Les premieres méme ne furent faites que pour seruir aux tableaux, & aux statuës, & le nom d'Epigramme en est une preuve convaincante. Voyez en premier lieu l'Anthologie, & ensuite les Poëtes qui suivent *Ausonius*, *Apostolius*, *Acidalius*, *Bidermanus Bauhusius*, *Bor[illegible]ius*, *Beza*, *Cabillauus*, *Cordus*, *Carolides*. D. E. *Fayus*, *Grudius*, *Gruterus*, *Heinsii*, *Ioninus*, *Lauterbachius*, *Latomus*, *Menagius*, *Micyllus*, *Muretus*, *Modius*. N. *Oexlinus*, *Paschasius*, *Posthius*, *Politianus*, *Pontanus*, *Reusnerus*, *Stigelius*. *Scaligeri*, *Stroza*, *Sarbieuius*, *Sabaeus*, *Sammarthanus Secundus*. T. *Vulteius*, *Vrientius*. &c.

Adioutez l'Elegie de Muret sur Raphaël d'Vrbain, & le Poëme de Monsieur du Fresnoy, *de Arte Graphica*.

Erreurs des Peintres. Nostre Seigneur faisant des signes de croix, nostre Seigneur portant sa Croix, & assisté d'un Religieux, nostre Dame auec un Chapelet à sa ceinture, des heures à la main, au pied d'un crucifix, ou dans un confessional. Sainte Marthe auec un benitier & un goupillon. S. Estienne en Dalmatique, S. Pierre auec la Thiare, S. Paul en surplis, S. Ierôme auec un chapeau de Cardinal, S. Augustin auec un habit de Religieux, Charlemagne auec les Colliers des deux Ordres. &c.

Raphaël d'Vrbain representa S. Leon auec des habits aussi pompeux que ceux de Leon X. Albert Durer ne garda aucune decence pour les habits. Il representa les anciens vestus comme des Suisses d'apresent.

Vn homme assis estoit si mal peint qu'il y auoit à craindre qu'en se leuant il ne fit sauter le lambris.

Les erreurs des Peintres generales, ou particulieres, les premieres sont contre l'Anatomie, la perspective, & les autres contre l'histoire sacrée, Ecclesiastique & profane. Ie n'en dis pas davantage, parce que ie pretens en faire un ouvrage complet.

Metamorphoses par les méchans peintres. Hommes en singes, femmes en guenons, loups en chiens, lyons en chats, chevaux en asnes, rats en sangliers, aigles en oyes, colombes en corbeaux, choux en laitues &c.

Mais la plus insigne fut de Quintin Mesius natif d'Anvers, qui de Mareschal ferrant devint peintre pour gaigner les bonnes graces d'une belle fille, qui n'en vouloit point autrement. Et d'André Mantegne qui de Berger devint peintre. Et de polydore qui de Goujat porteur de mortier, & simple manœuvre, devint peintre aussi. Mazzuoli au cōtraire de riche peintre devint pauvre chimiste.

Vices ou taches, passions, & maladies & fautes de Peintres. La debauche des femmes : c'est ce qui perdit Raphaël d'Vrbain, & philippe Lippi & Annibal Carache, il est dangereux de specule la beauté, *Auerte oculos, &c.* L'envie & la ialousie, comme entr'autre Luc de Leyde & Iean de Maubuge, & François Francia de Boulogne & le Titien, contre le Tintoret, & de plusieurs contre le Dominiquain. L'avarice comme celle de ce peintre qui ne marquoit son nom qu'auec ce mot, *Quid vultis mihi dare* ?

La melancolie, & la bizarerie. C'estoit le defaut de François Salviati, de Daniel de Volterre, de François Bassan, d'Annibal Carache, & Ioseph Pin Luc de Leyde crut aussi auoir esté empoisonné, & ne fit que languir pendāt six ans, iusqu'à sa mort. André del Castagne ayant appris de Dominique Venitien à peindre à huile, il l'assassina. Iean Antoine Regillo, dit Licinio del pordenoste, fut comme on croit, empoisonné par ialousie.

La Micraine, comme celle d'Estienne Labelle Florentin. Laphilautie quand on s'aime & ses ouurages. La chimie à ruiné plusieurs peintres qui s'y appliquerent sur la fin de leur vie. Les larrecins de testes, de corps, de postures. Raphaël d'Vrbain à ainsi volé plusieurs choses à Michel-Ange. la mesmeté des visages. Il semble que tous les personnages d'un tableau soient freres, cousins, ou autrement parens.

Le mélange du paganisme auec le Christianisme, de la fable auec l'histoire, de l'imposture auec la verité. pierre-paul Rubens à fait cette faute dans la vie du Roy Henry le Grand, & de la Reine Mere de Medicis.

Quelques peintres du Nort ont beu par excez, & ont precipité leur mort. pendant que protogene travailloit à son Ialisus, il faisoit diete pour auoir l'imagination plus dégagée. Mais l'un des grands defauts du peintre, c'est d'estre incorrigible. Apelle se corrigeoit volontiers, l'ombre est le symbole du mauvais peintre, & le miroir celuy du bon.

La vengeance, dont pline rapporte quelque exemple, comme quand Iean Cousin peignit un Pape dans l'Enfer, & quand le Guide peignit le Cardinal pamphile, qui fut depuis Innocent X. sous les pieds de S. Michel. Quelques Demons du iugement de Michel-Ange, ressentent aussi la vengeance : car ce sont Cardinaux

qui

qui luy auoient esté contraires. L'avarice, comme quand le Titien vendoit les copies de ses éleves pour des Originaux. Le Poussin ne faisoit pas ainsi car il enuoyoit souvent la moitié de ce que l'on vouloit luy donner, aussi n'auoit-il ny valet ny servante souvent.

Mais les nuditez honteuses sõt l'un des grands crimes des peintres. Barthelemy Baccio, & Laurens de Credi, & quelques autres peintres de Florence, excitez par le pere Savonarole, brulerent genereusement toutes leurs pieces scandaleuses. Madame d'Emery apres la mort de son Epoux fit mettre en pieces l'Ariadne du Guide, à cause des nuditez lubriques. Les peintres du siecle passé representoient les hommes auec des braghes ou gregues, *veste singula membra exprimente*, comme parle Tertullien dans sa Satyre ou Apologie du manteau.

L'art paroist plus dans les nuditez que dans les draperies, mais la pudeur y paroist moins. La verité se dépouille, mais la modestie se voile. La modestie est toujours de saison, & la verité ne l'est pas toujours. Elle peut devenir scandaleuse, & par consequent perilleuse. Les peintures petulantes ne sont ny Chrestiennes ny politiques, il ne faut point salir son imagination, on ne se defait pas de ses méchantes idées quand on veut. Saint Jerôme dans sa solitude se souvenoit encore de sa jeunesse pẽdant le sommeil. Tost ou tard les nuditez perissent, & les moins scrupuleux les voilent & les enferment. Pline raporte l'exemple d'Apelle, qui devint amoureux de Campaspe en la peignant par l'ordre d'Alexandre. Cét Apelle a esté le prince de tous les peintres, par son habileté & par sa vertu. Martial dans ses Epigrammes, & Seneque dans ses questions naturelles, ont de méchans endroits.

Adrien 6. auoit projetté de bruler tous les tableaux lascifs, & de calciner toutes les statuës qui estoient nuës. Paul 4. auoit le méme dessein, mais il se contenta de faire draper les nuditez honteuses du Jugement de Michel Ange, & de donner des chemises aux statuës. Alexandre 6. n'estoit pas si scrupuleux, il se fit peindre à genoux devant Julie Farnese peinte en Vierge. Arellius, au raport de Pline, peignoit les Dames qu'il aimoit sous les figures de Deesses.

Que l'on ne m'oppose point la sainte Bible qui represente le bien & le mal, qui mentione des actions honteuses. Car elle n'est pas faite pour estre toute leuë publiquement, & pour toutes sortes de personnes.

Fables des peintres, comme celle de Zeuxis, & de Parrhasius, celle d'Apelle & de Protogene. Mais en fin elles sont bien inventées. Quant à la derniere c'est une verité, si on en veut croire Pline. On peut encore adjouster l'ecume du chien que Protogene ne pouvoit peindre, & celle du cheval que Nealces ne pouvoit peindre pareillement. Et il ne se faut point étonner de ceci, car toutes les histoires anciennes regorgent de fables, & pour les despiter il ne faut que supprimer ce qui est de surprenant.

Ennemis jurez de la peinture, les Hebreux, les premiers Chrestiens, les Iconoclastes, & les Barbares.

Tableaux burlesques, la Truye qui file, le Chat qui pesche, le Renard qui préche. *Sus nens & felis piscans & concio vulpis.*

Les Songes du Pantagruël, les Gueux de Calot, &c.

Noms de peinture. Attitude, Artiste, Autographe, & Apographe, Alibiforains, ou digressions. Buste, Cambabieu, Crayon, Colorts & Coloriste couleurs vives, fines fuyantes, &c. Carnation, Contour. Connoisseur, Chevalet, Coups de force. Dessein correct, Esquisse ou dessein, *en questio.* Estudes, ou essais de peintres. Eléves, Entente, Esprit inventif. Fraisque; figure ebauchée, ou finie, figure morte ou pierrée & sans gestes, figure par excellence, se dit de l'humaine, figures à loüer comme des paysatheatres, *cobs prosopa*; Grisaille, groupe de figures, gratieux. Harmonie dans les masses du tableau. Harmonie des couleurs. intention sçavante. Le Menequin, morceau de peintur, e miniature, main industrieuse. Nuance. O. Palette, paysage & paysagiste. Reflet ou reflexion. Stoc, Teinte, tendre & tendresse, &c.

Verbes de peinture. Agrouper plusieurs corps. Brunir, bronzer, Colorier, corporer la couleur, croquer. Desseigner, draper, debroüiller, debarasser. Empaster de couleurs, brillantes, ebaucher. Finir. G. H. Imprimer une toile. Lecherson tableau, le rendre plus parfait. Manierer, retoucher la même chose. Massacrer les figures. Noyer les couleurs, naïver. Ombrer, opaquer. Peindre uniquement, peindre lentement, peindre à fec. Rehausser, relever, ressembler, *alias* ressembler. Sacrifier les obscenitez au feu. Tableter vaceiminel, toucher fierement, traiter une figure. Vernir, &c.

Adioutez à nos Peintres de Bourges. Feu Monsieur Maugis Abbé de S. Ambroise, M. Tullier Prevost de Bourges, & M. du Molin Antecesseur, comme aussi M. le Chevalier Gougnon, fils de M. Gougnon Avocat du Roy, Maire de Bourges, M. Petit fils de M. Petit Conseiller, & aussi Maire de Bourges, M. Tullier fils de M. Tullier Prevost de Bourges, M. Alabat fils de M. Alabat Lieutenant en l'Election, qui sont peintres Autodidactes, & Anargyres, ou pour parler plus clairement, peintres qui se sont appris d'eux mêmes, & qui peignent par hôneur & non point pour en faire profession Pecuniaire. Adioutez en fin nos Sanctimoniales, avec leurs industrieux colifichets.

Vsus Librorum.

Mitto scripta tibi, munus levidense putabis,
    Sed malè. Si nescis, commoda mille dabunt.
Bombardam explodis, tomentum nobile fient,
    His obturatur plena lagena mero.
Candelæ involucrum præstant piperique cucullum,
    Ne missi madeant, his tege fasciculos.
Prototypi evadent, quum concinnabis amictus,
    His gelido obstruitur tempore rima patens.
Quam spissas edes immisso glutine chartas!
    His (sit honos auri) νήπια χεῖρα potes.
Non tanti est ut emam, dices. Saltem accipe gratis,
    Accipe quo perdas, accipe quo placeas.

Auctoris plagia.

Hebræos, Græcos auctores atque Latinos,
Gallos, Hispanos perlegat atque Italos:
Addat Germanos, Anglos tandemque Britanos,
Qui mea cumque olim noscere furta volet.
Omnibus ex illis converto in commoda, quicquid
Invenio dictum nobiliore modo.
Sed furum exemplo commuto insignia quædam,
Ne Domini agnoscant, asseriantque manus.
Archetypum superare meum mihi maxima cura;
An fuerim victor, dicere iura vetant.
Nemo in lite sua iudex, nemo arbiter æquus;
A te iustitiam, lector amice, peto.

Ad Quintianum.

Multa quidem Quintiane leges communia, sed quod
Est commune magis sæpius est melius.
Est communis aquæ, communis & aëris usus;
Ignis nulli usus proprius atque soli.
Quid tamen igne, solo aquis quidne aëre nobis
Natura utilius vel Deus ipse dedit?

Cur scribat.

Vt se testentur quondam vixisse potentes,
Ad nummos, tabulas signaque confugiunt.
Mercantur villas, condunt prætoria & urbes
Magnas cum magnis sumptibus ædificant.
Nos quibus in vitâ non tam licet esse beatis;
Ingenio chartas scribimus atque libros.

Ad Lectorem.

Nec scribo indocto, nec docto scribo vicissim;
Ille nihil novit novit et iste nimis.
Talpa mihi lector, mihi lector displicet Argus:
Vt nihil ille videt, sic videt iste nimis.
Qui quædam norit, qui quædam nesciet; unus
Sit tantum lector codicis ille mei.

De suis Libellis.

Hæc est commoditas in parvo magna libello,
Lectori quod non displicet ille diu.
Sumitur atque eodem momento ponitur ille,
Principium, finem vix habet aut medium.
Exiguos libros scripsit benedocta vetustas
Illius exemplo scribimus exiguos.

De Opusculo suo.

Nemo aspernatur, quod magni constitit, unquam;
Sic genitos natos diligit auctor opus,
Hunc tamen invidiæ rodendum dente libellum
Ceu pater in vulgus degener ire sino.
Si placeat doctis, opus emisisse iuvabit.
Sin minus, ad limam forte redibit opus.

Auctor de se.

Sæpe errare pudet, vellem perfectior esse,
Aut saltem noxas posse latere meas;
Interdum tamen hoc solatur leniter unum,
Cum mea multorum comparo flagitiis.
Nam video celari aliorum crimina nostra,
Vt majore minor fax face comprimitur.

Ad Lectorem Iulio 1665.

Quod res distringunt, quod sæpe negotia torquent,
Quod campi avertunt, quod fora sollicitant.
Quod sum Curator, Tutor, Decurio; quod sum
Patronus Regis, Iuridicusque simul
Quod servos habeo, vxorem, quod denique natos;
Hinc tantum scribo ludicra non opera.

Addition à la fin de la page 111

I'aprens qu'vn Ambassadeur de France estant à Constantinople fit voir à l'Empereur des Turcs un chef de S. Iean, tres bien representé, sauf que le peintre n'auoit pas obserué que quand vn homme est decapité la peau se retire vn peu. C'est le defaut que le grand Seigneur trouua dans ce morceau de peinture, & afin d'en convaincre cét Ambassadeur il envoya sur le champ decapiter vn homme, & en fit aporter la teste. Voila vne barbare exactitude, & vne cruelle autopsie.

A Bourges ce 18. Octobre 16[illegible].

www.ingramcontent.com/pod-product-compliance
Ingram Content Group UK Ltd.
Pitfield, Milton Keynes, MK11 3LW, UK
UKHW020229200726
13856UKWH00004B/1676